Verspielte Hundekinder

Mitsuaki Iwago

Verspielte Hundekinder

Müller Rüschlikon Verlags AG
Cham · Stuttgart · Wien

Umschlag-Vorderseite: West Highland White Terrier
Umschlag-Rückseite: Deutscher Schäferhund

Bearbeitet von Urs Ochsenbein
Aus dem Englischen übersetzt von Elmar Engel.
Titel des englischen Originals: Puppies, erschienen bei Yama-Kei Publishers Co., Ltd, Tokio. ISBN 3.275.01035-2 – 1/5-92. – Printed in Japan.

INHALT

Zum Geleit

Während zehn Jahren habe ich Katzen fotografiert. Dabei ergab sich eine Beziehung zum Tier, die schließlich auch mein Interesse für Hunde und ihre Welpen weckte. Als ich von einem Bekannten hörte, daß er seine kleinen Katzen gemeinsam mit seinen jungen Hunden aufzog, nahm ich meine Kamera unter den Arm und besuchte ihn.
Die ganze Familie war geradezu vernarrt in ihre Haustiere. Sie besaßen an die fünfzig Hunde sowie fünf Katzen mit ihren Jungen. Zehn Bernhardiner-Welpen gefielen mir besonders gut. Als ich einen davon auf den Arm nahm, spürte ich, wie mollig und schwer er war. Dabei war er erst sechs Wochen alt. Er fühlte sich wunderbar warm an, als ich ihn an mich drückte. In seinen Augen lag ein Ausdruck, der mich glücklich und zufrieden stimmte. Stundenlang spielte ich mit diesen jungen Bernhardinern, und ich vergaß darüber ganz den eigentlichen Grund meines Besuches.
Seitdem habe ich mich ernsthaft mit dem Fotografieren von Hundewelpen beschäftigt. Hörte ich von einem Wurf junger Hunde, fuhr ich hin, ganz gleich welche Entfernung ich zurückzulegen hatte. In etwas mehr als zwei Jahren fotografierte ich mehr als hundert Würfe. Meine Beziehung und Zuneigung zu den Welpen vertiefte sich fortwährend.

Mitsuako Iwago

Der Fotograf Mitsuaki Iwago wurde 1950 in Tokio geboren. Nach dem Abschluß der Mittelschule begann er seine berufliche Laufbahn, wobei er sich auf die Natur- und Tierfotografie spezialisierte. Seit 1970 bereiste er mit seiner Kamera die ganze Welt. Er publizierte Fotobücher wie „North Pole“, „Loving Kittens“, „How to take Animal Pictures“ und „Letters from the Sea“. Ausgezeichnet für seine Arbeit wurde er 1980 mit dem fünften Jahrespreis Ihei Kimura Photography Award.

Bernhardiner (Seiten 1 – 9) August
Wie groß und schwer ist doch so ein vierzig Tage alter Welpe! Nimmt man drei davon auf den Arm, sind sie kaum zu halten. Sie haben breite Köpfe und massive Pfoten. Es sind kleine, lebensfrohe Persönlichkeiten, und sie wirken überaus robust.
Da zehn Welpen gleichzeitig herumtollten, brachten wir sie zum Fotografieren auf einen weiten Sandplatz mit angrenzendem Weideland. Hier jagten sie sich herum und spielten miteinander. Endlich wurden sie in der Sommersonne etwas ruhiger. Jetzt begann ich sie zu fotografieren. Am Ende ließen sie sich in einer Reihe aufstellen. Ein jeder der zehn Knirpse hatte seinen ganz persönlichen Gesichtsausdruck. Das wirkte sehr komisch, man mußte einfach lachen.

Deutscher Schäferhund (Seiten 10 – 15) Oktober
Wie ich in der Schule für Polizeihunde eintreffe, sehe ich zuerst eine Menge erwachsener Schäferhunde, die auf dem großen Hof trainiert werden. Kein Bellen ist zu hören.
Aus einem Zwinger verfolgen fünfzehn Welpen mit neugierigen Äuglein alles, was draußen geschieht. Sie sind die Stars meiner heutigen Aufnahmeserie. Aus ihrem Käfig gelassen, drängen sie sich um die Füße ihres Betreuers. Mit der Zeit gewöhnen sie sich an die neue Umgebung, und nun wagen sie sich in kleinen Gruppen weiter hinaus.

Deutsche Dogge (Seiten 16 – 19) Juni
Ein klarer Tag. Ich warte darauf, daß das Sonnenlicht etwas abnimmt. Im umzäunten Areal stehen einige Zwinger mit Hundehütten nebeneinander. Darin scheinen sich kleine Erdhügel zu befinden. Erst wenn sie sich bewegen, merkt man, daß es Welpen sind. Ab und zu erschüttert das Gebell der erwachsenen Hunde die Luft.
Ich bitte den Züchter, eine Hündin mit ihren Welpen auf die Wiese hinaus zu bringen. Die Hundemutter gehorcht ihrem Meister und kommt im federnden Trab heraus. Ihr folgen die Welpen auf noch recht unsicheren Beinen. Alles an ihnen wirkt drollig und unbeholfen. Aber ihre Augen sind klar und von bläulicher Farbe.

Saluki (Seiten 20 – 23) März

Das Wetter ist wärmer geworden, und so machen die Außenaufnahmen wieder mehr Spaß. Was ein rechter Saluki ist, läßt die Struktur des Brustkorbs gut erkennen. Es handelt sich eben nicht um eine gewöhnliche oder populäre Hunderasse. Beim Anblick dieser doch eher knochig wirkenden Tiere fragen sich Laien oft, ob die Salukis auch genügend Futter erhalten. Doch es handelt sich um einen Laufhund graziöser Gestalt, von dem man sagt, er sei schnell wie der Wind. Seiner Erscheinung haftet etwas Phantomhaftes an.

Afghanischer Windhund (Seiten 24 – 27) April

Nach einer Stunde in der Eisenbahn komme ich mitten zwischen blühenden Aprikosenbäumen auf dem Land an. Afghanen sind Jagdhunde. Ihre Augen bekommen einen stechenden Blick, sobald etwas ihre Aufmerksamkeit erregt. Sie rasen dann auf dieses Objekt zu, ganz gleich wie weit weg es sich befindet und wie schwer es zu erreichen ist. Schon die Welpen beobachten ihre Umgebung ständig voller Neugierde. Unvermittelt schießen sie los, wenn sie etwas entdeckt haben, das sie erregt. Mit Herzklopfen schaue ich ihnen nach, hoffend, daß sie ihre Jagd nicht fortsetzen und außer Sicht geraten. Denn dann wäre es aus mit dem Fotografieren, und wir müßten unsere ganze Energie dazu verwenden, sie wieder einzufangen.

Papillon (Seiten 28 – 29) Mai

Ihre Ohren stehen in einem Winkel von fünfundvierzig Grad vom Kopf ab, und ihre Stirn trägt eine symmetrische Zeichnung. Das gibt dieser Rasse den Anschein eines Schmetterlings mit weit geöffneten Flügeln. Daher stammt denn auch ihr Name Papillon, der dem Französischen entnommen ist. Während ich die Kamera aufbaue, hüpfen die Welpen ständig hin und her, genauso wie ein fliegender Schmetterling. Wir warten vergeblich darauf, daß sie müde werden, ihre Energie scheint unerschöpflich zu sein.

Dobermann Pinscher (Seiten 30 – 33) Juli

Ein früher Morgen an der Küste. Die Welpen vergnügen sich temperamentvoll im Sand und im Wasser. Dabei werfen sie ihrer Mutter mutwillige Blicke zu. Die Hündin beobachtet sie besorgt, bleibt aber dicht bei ihrem Meister.

Chow-Chow (Seiten 34 – 35) März

Nachdem ich der Hündin in ihr mürrisch wirkendes Antlitz geschaut habe, fasse ich sie mit einigem Respekt an, um sie zu streicheln. Das läßt sie gelassen geschehen. Nun werde ich mutiger und vergrabe meine Hand in ihrem wunderbar dichten Pelz.
Auch die kleinen Welpen schauen leicht mürrisch in die Welt, und ihre Körper sind schon jetzt kräftig und robust. Ihr Fell ist bedeutend dunkler als das der Mutter, und noch dunkler ist das Haar an ihrer Schnauze. Ihre Gestalt wirkt rund, woher man sie auch betrachtet. Einzigartig ist ihre blau-schwarze Zunge, das typische Merkmal des Chow-Chow.

Malteser (Seiten 36 – 37) Januar

Der Himmel ist bedeckt. Als die Sonne durch die Wolken bricht, werden die Welpen mit ihrer Mutter auf die Wiese geführt. Das seidige Fell der Hündin glitzert vom Wind bewegt im Sonnenlicht. Die Welpen mit ihren lustigen Wuschelköpfen rennen spielend umher. Kälte und Wind stören sie nicht.

Dachshund (Seiten 38 – 39) Januar

Auf ihren kurzen Beinchen toben die Welpen herum. Es ist ein recht warmer und schöner Wintertag. Zwischendurch hängen sich die kleinen Dackel immer wieder an die Zitzen der Hündin, um ihren Durst zu stillen. Die Hündin legt sich dazu nieder, doch jeweils nur für kurze Zeit. Dann springt sie auf und wird von den Welpen mit Ausdauer verfolgt. Die Jagd geht durch den ganzen Garten, wo die Geranien in Blüte stehen. Das Fell der kleinen Hunde glänzt im Sonnenlicht als wäre es feucht.

Shetland Sheepdog (Seiten 40 – 41) März

Das dürre Gras entlang der Küste hat fast die gleiche Farbe wie das Fell der Shelties. Kinder nähern sich, und ich höre sie rufen: „Wie niedlich die doch sind!" Die Welpen laufen mit wedelnden Schwänzen den Kindern entgegen. Die Mutterhündin steht gespannt neben ihrem Meister und nimmt mit gespitzten Ohren die Stimmen der Kinder wahr.

Bullterrier (Seiten 42 – 43) August

Der Bullterrier ist ein origineller und robuster Hund. Mit seiner breiten Brust und den kräftigen Läufen wirkt er imposant. Aus ihren kleinen Augen blicken die Welpen übermütig und ausgelassen in die Welt. Typisch für die Rasse ist der oval geformte Kopf. Sie lieben es, durch die Büsche zu rasen und nach den Blättern zu schnappen. Ihr weißes Fell ist von aufgewühlter Erde bekleckst, doch das kümmert sie überhaupt nicht.

Zwergschnauzer (Seiten 44 – 45) Mai

Die Welpen befinden sich unter dem Haartrockner, als ich ankomme. Das Trimmen und Zupfen des Haars an Kopf, Brust und Schnauze sowie das Kupieren von Ohren und Schwanz soll unerläßlich sein, will man den Zwergschnauzer an einer Hundeausstellung vorführen. Es ist offenbar schwieriger, ein anerkannter Zwergschnauzer zu sein, als ein gepflegter Mensch.

Englische Bulldogge (Seiten 46 – 49) Juni

Bulldogen leiden unter der Hitze eines Sommertages. Wir nehmen deshalb einen Eimer mit kaltem Wasser und Handtücher mit, um die Welpen beim Fotografieren hin und wieder abzukühlen. Zu meiner Überraschung vermögen sich die schwerfällig wirkenden Hündchen sehr schnell und wendig auf ihren kräftig ausgreifenden Beinen bewegen. In der Wärme rührt sich die Mutterhündin kaum, sie atmet schwer wie eine Dampflokomotive.

Shih Tzu (Seiten 50 – 51) August

Sobald die Welpen aus dem Korb genommen werden, rennen sie in allen Richtungen davon. Dann wenden sie plötzlich und laufen zur Mutter zurück. Die Sonne scheint warm vom Himmel herunter. Die Welpen suchen Schutz unter den Blättern von Pflanzen. Später finde ich sie an einem Schattenplatz eng aneinandergeschmiegt und tief schlafend.

West Highland White Terrier (Seiten 52 – 53) Mai

Mit ihrem dünnen weißen Haar und den schwarzen Näschen wirken die Welpen auf mich zuerst wie Stofftiere. Doch als sie dann spielend herumwirbeln, sehe ich, daß sie genauso aktiv sind wie alle andern Welpen. Mit Ausdauer vergnügen sie sich in den Büschen herumrennend, bis sie dann auf einmal zur Mutter eilen und dicht an sie gedrängt einschlafen.

Spitz (Seiten 54 – 55) März

An die dreißig kleine Spitze tummeln sich in einem großen Zimmer. Wie ich den Raum betrete, kommen sie wie kleine Wellen auf mich zugelaufen. Ich bin gerührt, als sie alle mit ihren wunderschönen Äuglein zu mir emporblicken. Drei einen Monat alte Welpen greife ich mir heraus und fotografiere sie im Hinterhof, der zum Meer hinabführt.

Grönlandhund (Seiten 56 – 57) Juli

In Grönland ist es jetzt Frühling. Die Welpen werden behütet und gepflegt, bis sie groß und stark genug sind, um im Schlittengespann mitzulaufen. Die Kleinen lieben das Spiel im Schnee unsäglich. Dabei trainieren sie ihre Muskeln und werden fit für ihre spätere schwere Arbeit.

Shiba Inu Mischling (Seiten 58 – 64) Mai

Diese Mischlings-Welpen sind eine unbesorgte und fröhliche Bande kleiner Hunde. Sie kommen in allen Farben vor. Behütet von ihrer Mutter, die ihnen reichlich Milch gibt, wachsen sie zu gesunden rundlichen Junghunden heran.